IDEAS PARA POSTERGAR EL FIN DEL MUNDO

IDEAS PARA POSTERGAR EL FIN DEL MUNDO

Ailton Krenak

Traducción: Rodrigo Álvarez

Krenak, Ailton
    Ideas para postergar el fin del mundo / Ailton Krenak. - 1a ed . - Ciudad Autónoma de Buenos Aires : Prometeo Libros, 2021.
    60 p. ; 23 x 16 cm. - (Pensamiento del Brasil en español / 3)

    Traducción de: Rodrigo Álvarez.

    1. Ecologismo. 2. Derecho Indígena. 3. Brasil. I. Álvarez, Rodrigo, trad. II. Título.
    CDD 577.09

Corrección: Jorge Domínguez
Diseño y diagramación: Brenda Vanesa Hartvig

Título original: *Ideias para adiar o fim do mundo*
©Companhia das Letras, 2019.

© De esta edición, Prometeo Libros, 2021
Pringles 521 (C1183AEI), Buenos Aires, Argentina
Tel.: (54-11) 4862-6794 / Fax: (54-11) 4864-3297
editorial@treintadiez.com
www.prometeoeditorial.com

Hecho el depósito que marca la Ley 11.723.
Prohibida su reproducción total o parcial.
Derechos reservados.

La Colección Pensamiento del Brasil en Español

Una breve retrospectiva es indispensable para presentar el proyecto de esta colección. Llegué a Brasil en enero de 1976, con una parada táctica en Brasilia, directamente a la ciudad de Recife, ciudad cabecera del Nordeste del país, para el primer período de trabajo de campo que me llevaría más tarde a mis tesis de maestría y doctoral. La investigación se realizaba como parte de mi trabajo en el Instituto Interamericano de Etnomusicología de Caracas, dirigido por la argentina Isabel Aretz. Subí al avión en Buenos Aires y el hombre que se encontraba a mi lado quiso saber adónde me dirigía: "a Recife". Manifestó entonces su espanto: "no se puede ir a Recife sin conocer San Pablo". Esa fue mi primera lección sobre el país que lentamente se iría convirtiendo en mi segunda patria. Con el correr de los años, después del fin de la dictadura en Argentina y ya trabajando como docente en el Departamento de Antropología de la Universidad de Brasilia, comenzó mi lento retorno a mi país. En esas constantes idas y vueltas entre Brasil y Argentina, más evidente se iba haciendo la cantidad de estereotipos cruzados que filtraban la mirada de un país sobre el otro e impedían una real comunicación y un diálogo lúcido entre ambos. Malentendido es para mí el término que califica hasta hoy la relación, no solamente entre los dos países, sino también entre el continente brasilero y el universo hispanohablante. La impotencia iba en aumento porque los autores, los temas, los debates, los estilos de argumentación y las interlocuciones de los pensadores brasileros eran y son inaccesibles para la audiencia de lengua española. La lengua es un obstáculo, pero la dificultad va más allá de la lengua: la colonización portuguesa en el continente americano y, más tarde, el proceso de la independencia también aíslan al Brasil y tornan difícil su comprensión en un mundo, como es el hispanohablante, en el que ambos, colonización e independencia, son centrales en la condensación de las formaciones nacionales. El cuarto obstáculo, que esta colección intenta superar, es el obstáculo del emprendimiento editorial: traducir, publicar, distribuir, valla casi intransponible en medio de la gran crisis de larga duración que atravesamos, a la que Prometeo Libros enfrenta heroicamente con este esfuerzo. Contamos para esto con el trabajo dedicado y destacado del traductor Rodrigo Álvarez, que permanece transitando entre los ambientes letrados de los dos países, erudito y meticuloso, obsesivo, como todo legítimo representante de su gremio.

En un momento en que la crítica decolonial nos ha permitido ver con claridad el carácter plural de los pensamientos que alberga la nación, la colección no lleva por título "pensamiento brasileño", sino "pensamiento del Brasil", con la intención de dejar claro que no se trata de un pensamiento único sino de un pensamiento disperso en el territorio de una nación. Destaque se dará en la colección a las diversas posturas y estilos del pensamiento crítico, muy especialmente a la crítica feminista, a la crítica indígena y a la crítica negra, así como a la comprensión de un país que debe situarse en el continente y esquivar la captura eurocéntrica. El cruce de miradas entre los dos mundos será un indispensable cruce de espejos.

Rita Segato

ÍNDICE

Prólogo de Elaine Moreira ·11

Ideas para postergar el fin del mundo ·15

Del sueño y de la tierra ·25

La humanidad que pensamos ser ·31

Del tiempo ·37

Referencias ·45

Sobre el autor ·47

Sobre este libro ·49

PRÓLOGO

Ailton Krenak, del pueblo indígena Krenak, es, entre tantas cosas, periodista y escritor. Fue constituyente, asesor parlamentario y un histórico referente del movimiento indígena en Brasil. Para quien aún no tuvo el privilegio de conocerlo, vale la pena visitar la escena icónica de su biografía —al menos una de ellas— durante la asamblea constituyente de 1987[1] cuando, en un emocionante pronunciamiento en el Congreso Nacional brasileño, pintó su rostro de negro y dijo: "El pueblo indígena siempre vivió al margen de todas las riquezas, un pueblo que vive en una casa cubierta de paja, que duerme en esterillas en el suelo, de ningún modo debe ser identificado como enemigo de una nación". Hoy, con más de sesenta años, continúa manteniendo un discurso y una escritura potente y es una referencia intelectual de los siglos XX y XXI. Pero, por sobre todo, mantiene una calma contagiosa, nos cuenta del fondo de su casa, de los árboles, de las mariposas que siguen dialogando con él, en una incesante lucha por mantener sus pies y su cuerpo en el suelo de una comunidad indígena.

Ideas para postergar el fin del mundo es fruto de dos conferencias y una entrevista brindadas en Lisboa en 2017, que fueron reunidas y juntas conforman este volumen.[2]

---

[1] http://www.youtube.com/watch?v=kWMHiwdbM_Q.

[2] Esta edición también cuenta con el texto "Del tiempo" publicado originalmente por n-1 edições: https://n-1edicoes.org/038 en marzo de 2020.

En 2015, Ailton ya había presenciado y denunciado profundas alteraciones en el paisaje de su pueblo, Krenak, en el estado de Minas Gerais, tras alertar sobre la agresión a montañas y ríos. Ese año vio al río *Doce* entrar en coma, como él mismo definió la escena. Este crimen ambiental perpetrado por la empresa minera Vale do Rio Doce, conocido como el desastre de Mariana, condenó al río *Doce* y dejó a comunidades enteras sin acceso al agua, al río, humanos y no humanos perdieron su río. En este libro se refiere a estos colectivos, humanos y no humanos: "muchas de estas personas no son individuos, sino 'personas colectivas', células que logran transmitir a través del tiempo sus visiones sobre el mundo". Son estas subjetividades —las muchas humanidades que habitan la Madre Tierra—, así como los procesos para fortalecerlas, el objeto de la defensa de Ailton. Subjetividades, respecto de las cuales nos advierte, que son una materia "que este tiempo que vivimos quiere consumir". "Nuestro tiempo es especialista en crear ausencias".

El fin del mundo inspira ficciones pero Ailton toma distancia de ellas al afirmar que su libro no es una ficción. Su mensaje nos invita a reflexionar sobre tantos mundos que ya finalizaron, que están finalizando, nos convoca a salir de un tipo de distracción que nos paraliza y nos coloca, como bien lo definiera Davi Kopenawa,[3] en el mundo de las mercaderías. Sustentables o no, siempre mercaderías. El adjetivo ambientalista corre el riesgo de minimizar todas las reflexiones de Ailton Krenak cuando, en verdad, su pensamiento trasciende ese debate.

La pregunta que orienta su pensamiento es: ¿Somos realmente una humanidad?

"Nosotros creamos esa abstracción de unidad, el hombre como medida de las cosas...". La unidad homogeneiza, tiene el poder de borrar las diversidades. Él cuestiona el concepto de humanidad que ya no puede traducir una realidad donde el setenta por ciento de la población mundial está excluida de las mínimas condiciones de vida. Hay que buscar nuevas palabras, hay que mirar hacia otros lugares, hacia mundos invisibilizados, silenciados.

---

[3] Líder y chamán Yanomami. Autor, junto con el antropólogo francés Bruce Albert, del libro *A queda do céu. Palavras de um xamã yanomami* (*La caída del cielo: Palabras de un chamán yanomami*), San Pablo: Companhia das Letras, 2015.

"¿La humanidad sería un pequeño grupo de personas selectas formando un club?" pregunta el autor. Si así fuera es necesario que se diga abiertamente, es preciso cuestionarse sobre qué estamos queriendo decir con la palabra "humanidad" hoy. Las relaciones sociales que hoy somos capaces de producir, donde no se reconoce al "otro" como humano, son parte de un mismo proceso que nos distanció y negó subjetividades a la naturaleza, transformando sistemas vivos en recursos a ser explotados.

Si bien no es una ficción, tampoco se trata de una metafísica: los sueños son para Ailton una forma de leer el mundo, de producir informaciones sobre él y sobre nosotros. Él potencia nuestra capacidad de contar historias, a través de imágenes y palabras; y contar historias, para Ailton, es una forma de postergar el fin del mundo. Hablar de estos temas en un momento en que los pueblos indígenas veían negados sus derechos conquistados, con un incremento de la violencia ejercida contra sus comunidades y asesinatos de liderazgos indígenas en aumento, que este año se potenció y se agravó con las víctimas del Covid-19 en Brasil, nos da una imagen del pasado y del presente. Al hablar del siglo XVI nos habla de hoy: "Un sujeto que salía de Europa y descendía en una playa tropical, dejaba un rastro de muerte por donde pasaba... una guerra bacteriológica en movimiento, un fin del mundo". No se estaba refiriendo al momento actual de la pandemia del Covid-19, pero si insistimos en ver este momento como único, el discurso de Ailton también nos recuerda que el hoy ya fue el ayer para muchos pueblos indígenas. Hoy recuerda: en los pueblos indígenas ya nos refugiamos muchas veces para escapar a las enfermedades.[4] Aunque escrito antes de la pandemia actual *Ideas para postergar el fin del mundo* es una alerta para esta relación enfermiza con el "otro", esos otros que "por danzar una coreografía extraña son sacados de escena, por medio de epidemias, de la pobreza, del hambre...".

Más que hablar sobre el fin del mundo, o del Antropoceno que denuncia un modelo destructivo, Ailton nos habla de varios mundos, algunos de los cuales ya finalizaron, otros están

---

[4] Datos suministrados por la Articulación Nacional de los Pueblos Indígenas de Brasil (APIB), sobre Covid-19, registrados el pasado 2 de agosto de 2020: 618 indígenas fallecidos; 21.571 indígenas contagiados y 146 pueblos alcanzados por el Covid-19.

en coma, como su querido río *Watu*. El texto es una alerta para el sistema de gobernanza que, al hablar de la humanidad en singular, se abstiene de cuestionar significados que se reducen cada vez más. Debemos ampliar los significados. Él nos invita a pensar en la construcción de coloridos paracaídas, una alegoría para pensar en la postergación del final, en la resistencia posible y, sobre todo, en la defensa de la biodiversidad, ya que sin una construcción alternativa de la relación con lo diferente, sin una nueva economía del "otro" no habrá cómo evitar el fin.

En una reciente grabación, de julio de 2020, Ailton dice: "El futuro es la mercadería más buscada en el presente, todo el mundo quiere saber lo que va a suceder mañana... es una búsqueda de garantía: no tenemos garantía de nada, tenemos que vivir un día a la vez... ¿usted tiene prisa de qué? ¿hacia dónde va?[5] Estas frases que no están en los libros, son, como dice, otra forma de contar una historia, y como nos recuerda en este libro "mi provocación sobre postergar el fin del mundo es exactamente poder contar siempre otra historia. Si podemos hacer esto estaremos postergando el fin".

Ailton logra hablar de lo más duro con liviandad y por referirse a mundos concretos, desde un presente concreto, atrapa nuestra atención. Mientras esperamos nuevos textos de Ailton, bien vale sumergirnos en la lectura de sus ideas para postergar el fin, haciendo nuestra su reflexión: "¿Será que realmente somos una humanidad?".

Elaine Moreira
Profesora del Departamento de Estudios Latinoamericanos
de la Universidad de Brasilia,
Doctora en Antropología Social y Etnología por la Ecole des Hautes
Études en Sciences Sociales.

---

[5] https://www.youtube.com/watch?v=08jRVC8THFY&feature=youtu.be.

IDEAS PARA POSTERGAR EL FIN DEL MUNDO

La primera vez que desembarqué en el aeropuerto de Lisboa tuve una sensación extraña. Por más de cincuenta años evité cruzar el océano por razones afectivas e históricas. Creía que no tenía mucho de qué conversar con los portugueses —no es que esto fuera un gran problema, pero era algo que evitaba—. Cuando se cumplieron quinientos años de la travesía de Cabral y compañía rechacé una invitación para venir a Portugal. Dije: "Esa es una típica fiesta portuguesa, ustedes van a celebrar la invasión de mi rincón en el mundo. No voy, no". Sin embargo, no transformé eso en una rivalidad y pensé: "Vamos a ver qué pasa en el futuro".

En 2017, año en que Lisboa fue la capital iberoamericana de la cultura, tuvo lugar un ciclo de eventos muy interesante, con performances de teatro, muestras de cine y conferencias. Nuevamente, fui invitado a participar y, en esta oportunidad, nuestro amigo Eduardo Viveiros de Castro daría una conferencia llamada "Os involuntários da pátria" en el teatro Maria Matos. Entonces, pensé: "Ese asunto me interesa, también voy". Al día siguiente de la exposición de Eduardo, tuve la oportunidad de encontrar mucha gente interesada por el estreno del documental *Ailton Krenak e o sonho da pedra*, dirigido por Marco Altberg. La película es una buena introducción al tema que quiero tratar: ¿cómo es que, a lo largo de los últimos dos mil o tres mil años, construimos la idea de humanidad? ¿No será que ella está en la base de muchas de las elecciones equivocadas que hicimos, justificando el uso de la violencia?

La idea de que los blancos europeos podían salir a colonizar el resto del mundo se basaba en la premisa de que había una humanidad ilustrada que necesitaba ir al encuentro de la humanidad oscurecida, y acercarla hacia esa increíble luz. Ese llamado hacia el seno de la civilización siempre fue justificado por la noción de que existe un modo de estar aquí en la Tierra, una cierta verdad, o una concepción de la verdad, que guió muchas de las elecciones realizadas en diferentes períodos de la historia.

Ahora, en el comienzo del siglo XXI, algunas colaboraciones entre pensadores con distintas visiones originadas en diferentes culturas posibilitan una crítica a esa idea. ¿Somos realmente una humanidad?

Pensemos en nuestras instituciones más consolidadas, como las universidades o los organismos multilaterales que surgieron en el siglo XX: el Banco Mundial, la Organización de Estados Americanos (OEA), la Organización de las Naciones Unidas (ONU), la Organización de las Naciones Unidas para la Educación, la Ciencia y la Cultura (Unesco). Cuando quisimos crear una reserva de la biósfera en una región de Brasil fue necesario justificar ante la Unesco por qué era importante que el planeta no fuera devorado por la explotación minera. Para esta institución, es como si solo bastara mantener algunos lugares como muestra gratis de la Tierra. Si sobrevivimos, vamos a pelearnos por los pedazos de planeta que aún no comimos, y nuestros nietos o tataranietos —o los nietos de nuestros tataranietos— van a poder pasear para ver cómo era la Tierra en el pasado. Estas agencias e instituciones fueron configuradas y mantenidas como estructuras de esa humanidad. Y nosotros legitimamos esa perpetuación, aceptamos sus decisiones, que muchas veces son malas y nos causan pérdidas, porque están al servicio de la humanidad que pensamos ser.

Mis andanzas por diferentes culturas y lugares del mundo me permitieron evaluar las garantías dadas al integrar ese club de la humanidad. Y pensé: "¿Por qué insistimos tanto, y durante tanto tiempo, en participar de ese club, que la mayoría de las veces solo limita nuestra capacidad de invención, creación, existencia y libertad?". ¿No será que siempre estamos actualizando esa vieja disposición nuestra a la servidumbre voluntaria? ¿Cuándo vamos a entender que los Estados nacionales ya se desarticularon, que la vieja idea de estas agencias ya venía fallada de origen? En lugar de eso, seguimos buscando la forma de proyectar otras iguales a ellas, que también podrían mantener nuestra cohesión como humanidad.

¿Cómo justificar que somos una humanidad si más del setenta por ciento están totalmente marginados del mínimo ejercicio de ser? La modernización expulsó a esa gente del campo y de la selva para vivir en villas de emergencia y en la periferia, para volverlas mano de obra en los centros urbanos. Estas personas fueron arrancadas de sus colectivos, de sus lugares de origen, y arrojadas en esa licuadora llamada humanidad. Si las personas no tuvieran profundos vínculos con su memoria ancestral, con las referencias que le dan sostén a una identidad, se volverían locas en este mundo alocado que compartimos.

Ideas para postergar el fin del mundo, este título es una provocación. Estaba en el fondo de casa cuando me alcanzaron el teléfono diciendo: "Te están llamando de la Universidad de Brasilia, para que participes de un encuentro sobre desarrollo sustentable" (La UnB tiene un centro de desarrollo sustentable, con programa de maestría). Me puso muy feliz la invitación y acepté. Entonces me dijeron: "Necesita ponerle un título a su conferencia". Estaba tan inmiscuido con mis actividades en el fondo de casa que respondí: "Ideas para postergar el fin del mundo". La persona lo tomó en serio y colocó eso en el programa. Después de unos tres meses, me llamaron: "Es mañana, ¿ya tiene su pasaje de avión a Brasilia?". "¿Mañana?", dije. "Exacto, mañana va a dar esa conferencia sobre las ideas para postergar el fin del mundo".

Al día siguiente llovía, y pensé: "Qué bueno, no va aparecer nadie". Pero, para mi sorpresa, el auditorio estaba colmado. Pregunté: "¿Pero toda esta gente está en la maestría?". Mis amigos me dijeron: "Claro, alumnos de todo el campus están ahí queriendo saber esa historia de postergar el fin del mundo". Respondí: "Yo también".

Estar con ese grupo de alumnos me hizo reflexionar sobre el mito de la sustentabilidad, inventado por las corporaciones para justificar el asalto que hacen a nuestra idea de naturaleza. Durante mucho tiempo, fuimos engrupidos con la historia de que somos la humanidad. Mientras tanto —mientras el lobo no viene—, fuimos aislándonos de ese organismo del que somos parte, la Tierra, y comenzamos a pensar que él es una cosa y nosotros otra: la Tierra y la humanidad. No percibo dónde hay algo que no sea naturaleza. Todo es naturaleza. El cosmos es naturaleza. Todo en lo que logro pensar es naturaleza.

Leí una historia de un investigador europeo de comienzos del siglo XX que estaba en los Estados Unidos y llegó a un territorio de los Hopi. Él había pedido que alguien de aquella aldea le facilitara el encuentro con una anciana a la que quería entrevistar. Cuando fue a su encuentro, ella estaba parada cerca de una roca. El investigador se quedó esperando, hasta que dijo: "¿Ella no va a conversar conmigo, no?". A lo que su facilitador respondió: "Ella está conversando con su hermana". "Pero es una piedra". Y el compañero le dijo: "¿Cuál es el problema?".

Hay una montaña rocosa en la región donde el río *Doce* [Dulce] fue alcanzado por el barro de la explotación minera. La aldea Krenak se encuentra en la margen izquierda del río, a la derecha hay una sierra. Aprendí que aquella sierra tiene nombre, Takukrak, y personalidad. Temprano por la mañana, desde el terreno de la aldea, las personas miran hacia ella y saben si el día va a ser bueno o si es mejor quedarse quieto. Cuando ella está con cara de "hoy no estoy para charla", las personas permanecen atentas. Cuando amanece espléndida, linda, con nubes claras sobrevolando su cabeza, toda adornada, la gente dice: "Se puede hacer fiesta, danzar, pescar, se puede hacer lo que se quiera".

Así como esa señora hopi conversaba con la piedra, su hermana, hay un montón de gente que habla con las montañas. En Ecuador, en Colombia, en algunas de esas regiones de los Andes, usted encuentra lugares donde las montañas forman parejas. Hay madre, padre, hijo, hay una familia de montañas que intercambia afecto, hace intercambios. Y las personas que viven en esos valles hacen fiestas para esas montañas, les dan comida, ofrendas, obtienen regalos de las montañas. ¿Por qué estas narrativas no nos entusiasman? ¿Por qué van siendo olvidadas y borradas a favor de una narrativa globalizante, superficial, que quiere contarnos la misma historia?

Los Masai, en Kenia, tuvieron un conflicto con la administración colonial porque los ingleses querían que la montaña de ellos se convirtiera en un parque. Ellos se rebelaron contra la idea banal, común en muchos lugares del mundo, de transformar un sitio sagrado en un parque. Yo creo que empieza como parque y termina como *parking*. Porque hay que estacionar ese montón de autos que fabrican por ahí afuera.

Es un abuso de lo que llaman razón.

Mientras la humanidad está distanciándose de su lugar, un montón de astutas corporaciones va adueñándose de la Tierra. Nosotros, la humanidad, vamos a vivir en ambientes artificiales producidos por las mismas corporaciones que devoran selvas, montañas y ríos. Ellos inventan *kits* superinteresantes para mantenernos en ese lugar, aislados de todo, y si es posible tomando muchos remedios. Porque, al final, algo hay que hacer con lo que sobra de la basura que producen, y ellos van a hacer remedios y un montón de parafernalias para entretenernos.

Para que no piensen que estoy inventando otro mito, el del monstruo corporativo, este tiene nombre, dirección y hasta cuenta bancaria. ¡Y qué cuenta! Son los dueños del dinero del planeta y cada minuto ganan más, desparramando shoppings por el mundo. Desparraman casi el mismo modelo de progreso, que somos incentivados a entender como bienestar, en todo el mundo. Los grandes centros, las grandes metrópolis del mundo son una gran reproducción las unas de las otras. Si uno va a Tokio, Berlín, Nueva York, Lisboa o San Pablo, verá el mismo entusiasmo en hacer torres increíbles, ascensores espiralados, vehículos espaciales... Parece que uno está en un viaje con Flash Gordon.

Mientras tanto, la humanidad va siendo separada de una manera tan absoluta de ese organismo que es la tierra. Los únicos núcleos que aún consideran que necesitan permanecer aferrados a esta tierra son aquellos que quedaron medio olvidados por los bordes del planeta, en las márgenes de los ríos, a la orilla de los océanos, en África, en Asia o en América Latina. Son *caiçaras*,[6] indios, cimarrones, aborígenes, la subhumanidad. Porque, vamos a decirlo, hay una humanidad fantástica. Y hay una capa más bruta, rústica, orgánica, una subhumanidad, una gente que se queda aferrada a la tierra. Pareciera que ellos quieren comer tierra, mamar tierra, dormir echados sobre la tierra, envueltos en la tierra. La organicidad de esa gente es una cosa que incomoda, tanto que las corporaciones han creado cada vez más mecanismos para separar a esa cría de la tierra de su madre. "Vamos a separar esta cosa, gente y tierra, esta mescolanza. Es mejor colocar un tractor, un extractor en la tierra. Gente no, la gente es un lío. Y, fundamentalmente, la gente no está entrenada para dominar ese recurso natural que es la tierra". ¿Recurso natural para quién? ¿Desarrollo sustentable para qué? ¿Qué es necesario sustentar?

La idea de que nosotros, los humanos, nos despeguemos de la tierra, viviendo en una abstracción civilizatoria, es absurda. Esta idea suprime la diversidad, niega la pluralidad de formas de vida, de existencia y de hábitos. Ofrece el mismo menú, la misma indumentaria y, si es posible, la misma lengua para todo el mundo.

Para la Unesco, 2019 es el año internacional de las lenguas indígenas. Todos sabemos que cada año o cada semestre una de estas lenguas maternas, uno de estos idiomas originales de pequeños grupos que están en la periferia de la humanidad, es eliminada. Quedan algunas, preferentemente aquellas que le interesan a las corporaciones para administrar toda esa cosa del desarrollo sustentable.

¿Qué se hace con nuestros ríos, nuestras selvas, nuestros paisajes? Quedamos tan perturbados con el desorden regional que vivimos, tan exasperados con la falta de perspectiva política, que no logramos erguirnos y respirar, ver lo que realmente importa para las personas, los colectivos y las comunidades en sus ecologías. Para citar a Boaventura de Sousa Santos, la ecología de los saberes también debería integrar nuestra experiencia cotidiana, inspirar nuestras elecciones sobre el lugar en que queremos vi-

---

6   Término de origen tupí, que se refería a los habitantes de las zonas litoraleñas. Las comunidades caiçaras surgieron a partir del siglo XVI, con la mixigenación de indígenas, colonizadores portugueses y, en menor grado, esclavos africanos [N. del T.].

vir, nuestra experiencia como comunidad. Necesitamos ser críticos de esa idea plasmada de humanidad homogénea en la cual, hace mucho tiempo, el consumo ocupó el lugar de aquello que antes era la ciudadanía. José Mujica dice que transformamos a las personas en consumidores y no en ciudadanos. Y a nuestros niños, desde su más tierna edad, se les enseña a ser clientes. No existe gente más adulada que un consumidor. Son adulados hasta el punto de quedar imbéciles, babeando. Entonces ¿para qué ser ciudadanos? ¿Para qué tener ciudadanía, alteridad, estar en el mundo de una manera crítica y consciente, si se puede ser un consumidor? Esta idea prescinde de la experiencia de vivir en una tierra llena de sentido, en una plataforma para diferentes cosmovisiones.

Davi Kopenawa pasó veinte años conversando con el antropólogo francés Bruce Albert para producir una obra fantástica llamada A queda do céu: Palavras de um xamã yanomami (*La caída del cielo: Palabras de un chamán yanomami*). El libro tiene la potencia de mostrarnos, a nosotros que estamos en esa especie de fin de los mundos, cómo es posible que un conjunto de culturas y pueblos aún sea capaz de habitar una cosmovisión, habitar un lugar en este planeta que compartimos de una manera tan especial, en la que todo cobra sentido. Las personas pueden vivir con el espíritu de la selva, vivir con la selva, estar en la selva. No estoy hablando de la película *Avatar*, sino de la vida de veintitantas mil personas –y conozco a algunas de ellas– que habitan el territorio yanomami, en la frontera de Brasil con Venezuela. Ese territorio está siendo asolado por el *garimpo*,[7] amenazado por la explotación minera, por las mismas corporaciones perversas que ya mencioné y que no toleran ese tipo de cosmos, el tipo de capacidad imaginativa y de existencia que un pueblo originario como los Yanomami es capaz de producir.

Nuestro tiempo es especialista en crear ausencias: del sentido de vivir en sociedad, del propio sentido de la experiencia de la vida. Esto genera una intolerancia muy grande con relación a quien todavía es capaz de experimentar el placer de estar

---

7 Extracción de minerales o piedras preciosas, fundamentalmente oro y diamantes, por medio de procedimientos manuales o mecánicos, utilizando técnicas predatorias para el medio ambiente en grandes yacimientos a cielo abierto [N. del T.].

vivo, de danzar, de cantar. Y está lleno de pequeñas constelaciones de gente desparramada por el mundo que danza, canta, hace llover. El tipo de humanidad zombi que estamos convocados a integrar no tolera tanto placer, tanto disfrute de la vida. Entonces, pregonan el fin del mundo como una posibilidad de hacernos desistir de nuestros propios sueños. Y mi provocación sobre postergar el fin del mundo es exactamente poder contar siempre otra historia. Si podemos hacer esto estaremos postergando el fin.

Es importante vivir la experiencia de nuestra propia circulación por el mundo, no como una metáfora, sino como fricción, poder contar unos con otros. Poder tener un encuentro como este, aquí en Portugal, y tener un auditorio tan importante como ustedes, para mí, es un regalo. Pueden estar seguros de que esto me da mucho entusiasmo para estirar un poco más el inicio del fin del mundo que se me presenta. Y los invito a pensar en la posibilidad de hacer el mismo ejercicio. Es una especie de tai chi chuan. Cuando sientan que el cielo está quedando muy bajo, basta empujarlo y respirar.

¿Cómo lidiaron con la colonización, que quería acabar con su mundo, los pueblos originarios de Brasil? ¿Qué estrategias utilizaron esos pueblos para atravesar esa pesadilla y llegar al siglo XXI todavía pataleando, reivindicando y desafinando el coro de los contentos? Vi las diferentes maniobras que hicieron nuestros antepasados y me alimenté de ellas, de la creatividad y de la poesía que inspiró la resistencia de esos pueblos. La civilización llamaba a esa gente bárbaros y emprendió una guerra sin fin contra ellos, con el objetivo de transformarlos en civilizados que podrían integrar el club de la humanidad. Muchas de estas personas no son individuos sino "personas colectivas", células que logran transmitir a través del tiempo sus visiones sobre el mundo.

A veces, los antropólogos limitan la comprensión de esta experiencia, que no es solo cultural. Sé que hay algunos antropólogos aquí en la sala, no se pongan nerviosos. ¿Cuántos percibieron que esas estrategias solo tenían como propósito postergar el fin del mundo? Yo no inventé esto, sino que me alimento de la continua resistencia de estos pueblos que guardan la memoria profunda de la tierra, aquello que Eduardo Galeano llamó la *Memoria del fuego*. En ese libro, y en *Las venas abiertas de América Latina*, muestra cómo los pueblos del Caribe, de América Central, de Guatemala, de los Andes y del resto de América del Sur tenían convicción del equívoco que era la civilización. Ellos no se rindieron porque el programa propuesto era un error: "No queremos esta estafa". Y los tipos: "No, toma esa estafa. Toma la Biblia, toma la cruz, toma el colegio, toma la universidad, toma la ruta, toma la vía férrea, la empresa minera, toma la golpiza". A lo que los pueblos respondieron: "¿Qué es esto? ¡Qué programa tan raro! ¿No tienen otro, no?".

¿Por qué nos causa malestar la sensación de estar cayendo? En los últimos tiempos no hicimos otra cosa sino venirnos a pique. Caer, caer, caer. ¿Entonces por qué ahora estamos preocupados con la caída? Aprovechemos toda nuestra capacidad crítica y creativa para construir paracaídas coloridos. Pensemos en el espacio, no como un lugar confinado, sino como el cosmos donde podemos desplomarnos en paracaídas coloridos.

Existen cientos de narrativas de pueblos que están vivos, cuentan historias, cantan, viajan, conversan y nos enseñan más de lo que aprendemos en esta humanidad. No somos nosotros las únicas personas interesantes en el mundo, somos una parte del todo. Esto, tal vez, le quite un poco de vanidad a esa humanidad que pensamos ser, además de disminuir la falta de reverencia que todo el tiempo tenemos con las otras compañías que realizan este viaje cósmico con nosotros.

En 2018, cuando estábamos en la inminencia de ser sorprendidos por una situación nueva en Brasil, me preguntaron: ¿Cómo van a hacer los indios frente a todo esto? Yo dije: "Hace quinientos años que los indios están resistiendo, lo que me preocupa son los blancos, cómo van a hacer para escapar de esta". Nosotros resistimos expandiendo nuestra subjetividad, no aceptando esa idea de que somos todos iguales. Aún existen en Brasil, aproximadamente, doscientas cincuenta etnias que quieren ser diferentes unas de otras, que hablan más de ciento cincuenta lenguas y dialectos.

A nuestro amigo Eduardo Viveiros de Castro le gusta provocar a las personas con el perspectivismo amazónico, llamando la atención exactamente sobre esto: los humanos no son los únicos seres interesantes y que tienen una perspectiva sobre la existencia. Muchos otros también la tienen.

Cantar, danzar y vivir la experiencia mágica de sostener el cielo es común en muchas tradiciones. Sostener el cielo es ampliar nuestro horizonte; no el horizonte prospectivo, sino el existencial. Es enriquecer nuestras subjetividades, que es la materia que este tiempo que vivimos quiere consumir. Si existe un ansia por consumir la naturaleza, existe también una por consumir subjetividades, nuestras subjetividades. Entonces vamos a vivirlas con la libertad que seamos capaces de inventar para no meterla en el mercado. Ya que la naturaleza está siendo asaltada de una manera tan indefendible, por lo menos, seamos capaces de mantener nuestras subjetividades, nuestras visiones, nuestras poéticas sobre la existencia. Definitivamente no somos iguales, es maravilloso saber que cada uno de nosotros aquí es diferente del otro, como constelaciones. El hecho de poder compartir este espacio, de estar viajando juntos no significa que somos iguales; significa precisamente que somos capaces de atraernos unos a otros por nuestras diferencias, que deberían guiar nuestro itinerario de vida. Tener diversidad, y no eso de una humanidad con el mismo protocolo. Porque eso, hasta ahora, fue solo una manera de homogeneizarnos y quitarnos nuestra alegría de estar vivos.

*

DEL SUEÑO Y DE LA TIERRA

Desde el Nordeste hasta el Este de Minas Gerais, donde se encuentra el río *Doce* y las reservas indígenas de las familias Krenak, y también en el Amazonas, en la frontera de Brasil con Perú y Bolivia, en el Alto Río Negro, en todos esos lugares nuestras familias están pasando por un momento de tensión en las relaciones entre el Estado brasileño y las sociedades indígenas.

Esta tensión no es de ahora, pero se agravó con los recientes cambios políticos introducidos en la vida del pueblo brasileño, que están alcanzando de forma intensa a cientos de comunidades indígenas que en las últimas décadas vienen insistiendo para que el gobierno cumpla su deber constitucional de asegurar los derechos de estos grupos en sus lugares de origen, identificados en el orden jurídico del país como tierras indígenas.

No sé si todos conocen las terminologías referentes a la relación de los pueblos indígenas con los lugares donde viven o las atribuciones que el Estado brasileño ha dado a esos territorios a lo largo de nuestra historia. Desde los tiempos coloniales, la cuestión de qué hacer con la parte de la población que sobrevivió a los trágicos primeros encuentros entre los dominadores europeos y los pueblos que vivían donde hoy llamamos, de manera muy reduccionista, tierras indígenas, llevó a una relación muy errónea entre el Estado y esas comunidades.

Está claro que durante esos años dejamos de ser colonia para constituir el Estado brasileño y entramos en el siglo XXI, cuando la mayoría de las previsiones apostaba a que las poblaciones indígenas no sobrevivirían a la ocupación del territorio, por lo menos, no manteniendo formas propias de organización, capaces de gestionar sus vidas. Esto porque la máquina estatal actúa para deshacer las formas de organización de nuestras sociedades, buscando una desintegración entre estas poblaciones y el conjunto de la sociedad brasileña.

El dilema político que quedó para nuestras comunidades, que sobrevivieron al siglo XX, es aún hoy la necesidad de disputar los últimos reductos donde la naturaleza es próspera, donde podemos suplir nuestras necesidades alimentarias y de vivienda, y donde sobreviven los modos que cada una de estas pequeñas sociedades tiene de mantenerse en el tiempo, dando cuenta de sí mismas sin crear una excesiva dependencia del Estado.

El río *Doce* que nosotros, los Krenak, llamamos "Watu" (nuestro abuelo) es una persona, no un recurso como dicen los economistas. Él no es algo de lo que alguien se pueda apropiar; es una parte de nuestra construcción como colectivo que habita un lugar específico, donde fuimos gradualmente confinados por el gobierno para poder vivir y reproducir nuestras formas de organización (con toda esa presión externa).

Hablar sobre la relación entre el Estado brasileño y las sociedades indígenas, a partir del ejemplo del pueblo Krenak, surgió como una inspiración para contarle a quien no sabe lo que sucede hoy en Brasil con estas comunidades, estimadas en alrededor de doscientos cincuenta pueblos con, aproximadamente, novecientas mil personas, una población más pequeña que la de las grandes ciudades brasileñas.

Lo que está en la base de la historia de nuestro país, que continua siendo incapaz de acoger a sus habitantes originarios —y que recurre siempre a prácticas deshumanas para promover cambios en las formas de vida que esas poblaciones lograron mantener por mucho tiempo, incluso bajo el ataque feroz de las fuerzas coloniales, que hasta hoy sobreviven en la mentalidad cotidiana de muchos brasileños—, es la idea de que los indios deberían estar contribuyendo al éxito de un proyecto de agotamiento de la naturaleza. El Watu, ese río que sustentó nuestra vida a orillas del río *Doce*, entre Minas Gerais y Espírito Santo, en una extensión de seiscientos kilómetros, está todo cubierto por un material tóxico que descendió de una represa de contención de residuos, lo cual nos dejó huérfanos y acompañando al río en coma. Hace un año y medio que ese crimen —que no puede ser llamado accidente— afectó nuestras vidas de modo radical, colocándonos en la real condición de un mundo que acabó.[8] En este encuentro, estamos intentando abordar el impacto que nosotros, humanos, causamos en este organismo vivo que es la Tierra, que en algunas culturas continúa siendo reconocida como nuestra madre y proveedora en amplios sentidos, no solo en la dimensión de la subsistencia y en la manutención de nuestras vidas, sino también en la dimensión trascendente que da sentido a nuestra existencia. En diferentes lugares del mundo, nos alejamos de una manera tan radical de los lugares de origen que el tránsito de los pueblos ya ni es percibido. Atravesamos continentes como si estuviéramos yendo allí al lado. Si es cierto que el desarrollo de tecnologías eficaces nos permite viajar de un lugar a otro, que las comodidades facilitaron nuestro movimiento por el planeta, también es cierto que esas facilidades son acompañadas por una pérdida de sentido de nuestros desplazamientos.

Nos sentimos como si estuviéramos sueltos en un cosmos vacío de sentido y desresponsabilizados de una ética que pueda ser compartida, pero sentimos el peso de esa elección sobre nuestras vidas. Todo el tiempo somos alertados sobre las consecuencias de esas elecciones recientes que hicimos. Y si podemos prestar atención a alguna visión que escape a esa ceguera que estamos viviendo en todo el mundo, tal vez ella pueda abrir nuestra mente hacia alguna cooperación entre los pueblos, no para salvar a los otros, sino para salvarnos a nosotros mismos. Hace treinta años, la amplia red de relaciones a la que me integré para hacer conocer a otros pueblos, a otros gobiernos, las realidades que nosotros vivíamos en Brasil tuvo como objetivo activar las redes de solidaridad con los pueblos nativos.

---

8   Alusión a la rotura de la represa de Fundão, de la minera Samarco, controlada por las multinacionales Vale y BHP Billiton, en noviembre del 2015. Fueron arrojados al medioambiente cerca de 45 millones de metros cúbicos de desechos de la explotación minera de hierro, lo que desencadenó efectos a largo plazo en la vida de millones de personas, incluyendo las aldeas Krenak [N. del E.].

Lo que aprendí a lo largo de estas décadas es que todos necesitan despertar, porque, si durante un tiempo éramos nosotros, los pueblos indígenas, quienes estábamos amenazados por la ruptura o la extinción de los sentidos de nuestras vidas, hoy estamos todos frente a la inminencia de que la Tierra no soporta nuestra demanda. Como dijo el chamán yanomami Davi Kopenawa, el mundo cree que todo es mercadería, al punto de proyectar en ella todo lo que somos capaces de experimentar. La experiencia de las personas en distintos lugares del mundo se proyecta en la mercadería, y eso significa que ella es todo lo que está fuera de nosotros. Esta tragedia que ahora alcanza a todos está retrasada en algunos lugares, en algunas situaciones regionales en las cuales la política —el poder político, la elección política— compone espacios de seguridad temporaria en los que las comunidades, incluso cuando ya fueron vaciadas del verdadero sentido de compartir espacios, todavía son, digamos, protegidas por un aparato que depende cada vez más del agotamiento de las selvas, de los ríos, de las montañas, y que nos coloca en un dilema en el que parece que la única posibilidad para que las comunidades humanas continúen existiendo es a costa del agotamiento de todas las otras partes de la vida.

La conclusión o comprensión de que estamos viviendo una era que puede ser identificada como Antropoceno debería sonar como una alarma en nuestras cabezas. Porque si nosotros imprimimos en el planeta Tierra una marca tan pesada que hasta caracteriza una era, que puede incluso permanecer después de que ya no estemos aquí, pues estamos agotando las fuentes de la vida que nos posibilitaron prosperar y sentir que estábamos en casa, incluso sentir, en algunos períodos, que teníamos una casa común que podía ser cuidada por todos, es por estar otra vez frente al dilema al que ya aludí: excluimos de la vida, localmente, las formas de organización que no están integradas al mundo de la mercadería, poniendo en riesgo todas las otras formas de vivir —por lo menos, las que fuimos animados a pensar como posibles, en las que había corresponsabilidad con los lugares donde vivimos y el respeto por el derecho a la vida de los seres, y no solo de esa abstracción que nos permitimos constituir como *una* humanidad, que excluye a todas las otras y a todos los otros seres—. Esa humanidad que no reconoce que ese río que está en coma es también nuestro abuelo, que la montaña explotada en algún lugar de África o de América del Sur y transformada en mercadería en algún otro lugar es también el abuelo, la abuela, la madre, el hermano de alguna constelación de seres que quieren continuar compartiendo la vida en esta casa común que llamamos Tierra.

El nombre *krenak* está constituido por dos términos: uno es la primera partícula, *kre*, que significa cabeza, la otra, *nak*, significa tierra. Krenak es la herencia que recibimos de nuestros antepasados, de nuestras memorias de origen, que nos identifica como "cabeza de la tierra", como una humanidad que no logra concebirse sin esa conexión, sin esa profunda comunión con la tierra. No la tierra como un sitio, sino como ese lugar que todos compartimos, y del cual nosotros, los Krenak, nos sentimos cada vez más desarraigados —de ese lugar que para nosotros siempre fue sagrado, pero que percibimos que nuestros vecinos tienen casi vergüenza de admitir que puede ser visto así—. Cuando nosotros decimos que nuestro río es sagrado, las personas dicen: "Eso es algún folklore de ellos"; cuando decimos que la montaña está mostrando que va a llover y que ese día va a ser un día próspero, un día bueno, ellos dicen: "No, una montaña no dice nada".

Cuando despersonalizamos al río, a la montaña, cuando quitamos de ellos sus sentidos, considerando que eso es un atributo exclusivo de los humanos, nosotros liberamos esos lugares para que se vuelvan residuos de la actividad industrial y extractivista. De nuestro divorcio de las integraciones e interacciones con nuestra madre, la Tierra, resulta que ella nos está dejando huérfanos, no solo a los que, en diferente graduación, son llamados indios, indígenas o pueblos indígenas, sino a todos. Ojalá que estos encuentros creativos, que todavía tenemos la oportunidad de mantener, estimulen nuestra práctica, nuestra acción, y nos den coraje para salir de una actitud de negación de la vida hacia un compromiso con la vida, en cualquier lugar, superando nuestras incapacidades de extender la visión a lugares más allá de aquellos a los que estamos apegados y donde vivimos, así como a las formas de sociabilidad y organización de la que una gran parte de esa comunidad humana está excluida y que, en última instancia, gastan toda la fuerza de la Tierra para suplir su demanda de mercaderías, seguridad y consumo.

¿Cómo reconocer un lugar de contacto entre estos mundos, que tienen tanto origen común pero que se separaron al punto de que hoy tengamos, en un extremo, gente que necesita vivir de un río y, en el otro, gente que consume ríos como un recurso? Respecto a esa idea de recurso atribuida a una montaña, a un río, a una selva, ¿en qué lugar podemos descubrir un contacto entre nuestras visiones que nos saque de ese estado de no reconocimiento de los unos a los otros?

Cuando sugerí que hablaría del sueño y de la tierra quería comunicarles un lugar, una práctica que es percibida en diferentes culturas, en diferentes pueblos, de reconocer esa institución del sueño no como experiencia cotidiana de dormir y soñar, sino como ejercicio disciplinado de buscar en el sueño las orientaciones para nuestras elecciones del día a día.

Para algunas personas, la idea de soñar es abdicar de la realidad, es renunciar al sentido práctico de la vida. No obstante, también podemos encontrar quien no vería sentido en la vida si no fuera informado por los sueños, en los cuales puede buscar los cantos, la cura, la inspiración e, incluso, la resolución de cuestiones prácticas que no logra discernir, cuyas elecciones no logra hacer fuera del sueño, pero que allí están abiertas como posibilidades. Quedé muy tranquilo conmigo mismo hoy por la tarde, cuando más de una colega de las que hablaron aquí hizo referencia a esa institución del sueño, no como una experiencia onírica, sino como una disciplina relacionada con la formación, la cosmovisión, la tradición de diferentes pueblos que tienen en el sueño un camino de aprendizaje, de autoconocimiento sobre la vida, y la aplicación de ese conocimiento en su interacción con el mundo y con las otras personas.

*

LA HUMANIDAD QUE PENSAMOS SER

Tal vez estemos muy condicionados a una idea de ser humano y a un tipo de existencia. Si desestabilizamos ese patrón, tal vez, nuestra mente sufra una especie de ruptura, como si cayéramos en un abismo. ¿Quién dijo que no podemos caer? ¿Quién dijo que ya no caímos? Hubo un tiempo en que el planeta que llamamos Tierra reunía todos los continentes en una gran Pangea. Si miráramos desde allá arriba del cielo, tomaríamos una fotografía del globo completamente diferente. Quién sabe si, cuando el astronauta Yuri Gagarin dijo "la Tierra es azul", él no hizo un retrato ideal de aquel momento para esta humanidad que nosotros pensamos ser. Él miró con nuestros ojos, vio lo que queríamos ver. Existen muchas cosas que se acercan más a aquello que pretendemos ver de lo que se podría constatar si juntáramos las dos imágenes: la que uno piensa y la que uno tiene. Si ya hubo otras configuraciones de la Tierra, inclusive sin nosotros aquí, ¿por qué nos apegamos tanto a ese retrato con nosotros aquí? El Antropoceno tiene un sentido incisivo sobre nuestra existencia, nuestra experiencia común, la idea de lo que es humano. Nuestro apego a una idea fija del paisaje de la Tierra y de la humanidad es la marca más profunda del Antropoceno.

Esa configuración mental es más que una ideología, es una construcción del imaginario colectivo: varias generaciones sucediéndose, capas de deseos, proyecciones, visiones, períodos enteros de ciclos de vida de nuestros ancestros que heredamos y fuimos burilando, retocando, hasta llegar a la imagen con la cual nos sentimos identificados. Es como si hubiéramos hecho un *photoshop* en la memoria colectiva planetaria, entre la tripulación y la nave, donde la nave se pega al organismo de la tripulación y acaba pareciendo una cosa indisociable. Es como detenerse en una memoria confortable, agradable, de nosotros mismos, por ejemplo, mamando en el regazo de nuestra madre: una madre abundante, próspera, amorosa, cariñosa, alimentándonos *forever*. Un día ella se mueve y quita el pecho de nuestra boca. Ahí, nos babeamos, miramos alrededor, reclamamos porque no estamos viendo el seno de nuestra madre, no estamos viendo ese organismo materno alimentando todas nuestras ganas de vida, y comenzamos a estremecernos, a creer que aquello realmente no es el mejor de los mundos, que el mundo se está acabando y que vamos a caer en algún lugar. Pero no vamos a caer en ningún lugar, de repente lo que la madre hizo fue girar un poco para tomar sol, pero como estábamos tan acostumbrados, solo queremos mamar.

El fin del mundo, tal vez, sea una breve interrupción de un estado de placer extasiante que no queremos perder. Parece que todos los artificios que fueron buscados por nuestros ancestros, y por nosotros, tienen que ver con esa sensación. Cuando se transfiere esto a la mercadería, a los objetos, a las cosas exteriores, se materializa en lo que la técnica desarrolló, en todo el aparato que se fue superponiendo al cuerpo de la madre Tierra. Todas las historias antiguas llaman a la Tierra, Madre, Pachamama, Gaia. Una diosa perfecta e interminable, flujo de gracia, belleza y abundancia. Véase la imagen griega de la diosa de la prosperidad, que tiene una cornucopia que está todo el tiempo derramando riqueza sobre el mundo... En otras tradiciones, en China y en India, en las Américas, en todas las culturas más antiguas, la referencia es la de una proveedora maternal. No tiene nada que ver con la imagen masculina o del padre. Todas las veces que la imagen del padre irrumpe en ese paisaje siempre es para depredar, destrozar y dominar.

El malestar que la ciencia moderna, la tecnología, los movimientos que derivaron en aquello que llamamos "revolución de masas", todo eso no quedó localizado en una región, sino que escindió el planeta al punto de tener, en el siglo XX, situaciones como la Guerra Fría, en la que se tenía, de un lado del muro, una parte de la humanidad, y del otro lado, del lado de allá, la otra parte, en una tremenda tensión, lista para apretar el gatillo sobre los otros. No existe fin del mundo más inminente que cuando se tiene un mundo del lado de allá del muro y uno del lado de acá, ambos intentando adivinar lo que el otro está haciendo. Eso es un abismo, eso es una caída. Entonces la pregunta por hacer sería: "¿Por qué tanto miedo a una caída si en las otras eras no hicimos otra cosa que caer?".

Ya caímos en diferentes escalas y en diferentes lugares del mundo. Pero tenemos mucho miedo de lo que sucederá cuando caigamos. Sentimos inseguridad, una paranoia de la caída porque las otras posibilidades que se abren exigen implosionar esta casa que heredamos, que confortablemente cargamos con gran estilo, pero pasamos el tiempo entero muriéndonos de miedo. Entonces, tal vez lo que tengamos que hacer es descubrir un paracaídas. No eliminar la caída, sino inventar y fabricar millones de paracaídas coloridos, divertidos, inclusive placenteros. Ya que aquello que realmente nos gusta es gozar, vivir en el placer, aquí en la Tierra. Entonces, que dejemos de esconder esa vocación nuestra y, en vez de estar inventando otras parábolas, que nos rindamos a esa principal y no nos dejemos engañar con el aparato de la técnica. En verdad, la ciencia entera vive subyugada por esa cosa que es la técnica.

Hace mucho tiempo que no existe alguien que piense con la libertad de un científico. Se acabaron los que aprendimos a llamar científicos. Toda persona que sea capaz de aportar una innovación a los procesos que conocemos es capturada por la máquina de hacer cosas, de la mercadería. Antes de que esa persona contribuya, en algún sentido, a abrir una ventana de respiro para esa ansiedad nuestra por perder el seno de la madre, inmediatamente, viene un aparato artificial para darnos otro tiempo de hastío. Es como si todos los descubrimientos estuvieran condicionados y nosotros desconfiáramos de los descubrimientos, como si todos fueran una trampa. Sabemos que los descubrimientos en el ámbito de la ciencia, las curas para todo, son puro cuento. Los laboratorios planean con anticipación la publicación de los descubrimientos en función de los mercados que ellos mismos configuran para esos aparatos, con el único propósito de hacer que la rueda continúe girando. No una rueda que abre otros horizontes y apunta a otros mundos en sentido placentero, sino a otros mundos que solo reproducen nuestra experiencia de pérdida de la libertad, de pérdida de eso que podemos llamar inocencia, en el sentido de ser simplemente bueno, sin ningún objetivo. Gozar sin ningún objetivo. Mamar sin miedo, sin culpa, sin ningún objetivo. Vivimos en un mundo en el que uno tiene que explicar por qué está mamando. Él se transformó en una fábrica de consumir inocencia y debe ser potenciado cada vez más para no dejar ningún lugar habitado por ella.

¿Desde qué lugar se proyectan los paracaídas? Desde el lugar donde son posibles las visiones y el sueño. Otro lugar que podemos habitar más allá de esta tierra dura: el lugar del sueño. No el sueño comúnmente referenciado de cuando se está dormitando o el que banalizamos "estoy soñando con mi próximo empleo, con mi próximo auto", sino que es una experiencia trascendente en la cual el capullo del humano implosiona, abriéndose a otras visiones de la vida no limitada. Tal vez sea otra palabra para lo que solemos llamar naturaleza. No es nombrada porque solo logramos nombrar lo que experimentamos. El sueño como experiencia de personas iniciadas en una tradición para soñar. Así como quien va a una escuela para aprender una práctica, un contenido, una meditación, una danza, se puede ser iniciado en esa institución para seguir, avanzar en un lugar del sueño. Algunos chamanes o magos habitan esos lugares o tienen acceso a ellos. Son lugares con conexión con el mundo que compartimos; no es un mundo paralelo, sino que tiene una potencia diferente.

Cuando, a veces, me hablan de imaginar otro mundo posible, es en el sentido de un reordenamiento de las relaciones y de los espacios, de nuevos entendimientos sobre cómo podemos relacionarnos con eso que se admite que es la naturaleza, como si nosotros no fuéramos naturaleza. En verdad, están invocando nuevas formas de que los viejos conocidos humanos coexistan con esa metáfora de la naturaleza que ellos mismos crearon para su propio consumo. Todos los demás humanos que no somos nosotros están fuera, podemos comerlos, golpearlos, fracturarlos, enviarlos a otro lugar del espacio. El estado del mundo que vivimos hoy es exactamente el mismo que nuestros antepasados recientes encomendaron para nosotros.

En verdad, vivimos quejándonos, pero esta cosa fue encomendada, llegó envuelta y con aviso: "Después de abrirla, no tiene cambio". Hace doscientos, trescientos años anhelaron ese mundo. Un montón de gente decepcionada, pensando: "¿Pero este es el mundo que nos dejaron?". ¿Cuál es el mundo que ustedes están empaquetando ahora para dejarle a las futuras generaciones? Ok, usted vive hablando de otro mundo ¿pero ya le preguntó a las futuras generaciones si el mundo que está dejando es el que ellas quieren? La mayoría de nosotros no va a estar aquí cuando la encomienda llegue. Quienes van a recibirla son nuestros nietos, bisnietos, a lo sumo, nuestros hijos ya ancianos. Si cada uno de nosotros piensa un mundo, serán trillones de mundos, y las entregas van a ser hechas en varios lugares. ¿Qué mundo y qué servicio de delivery usted está pidiendo? Hay algo de insano cuando nos reunimos para repudiar este mundo que recibimos ahorita, en el paquete encomendado por nuestros antecesores; hay algo de berretín nuestro sugiriendo que, si fuéramos nosotros, lo habríamos hecho mucho mejor.

Deberíamos reconocer a la naturaleza como una inmensa multitud de formas, incluyendo cada pedazo de nosotros, que somos parte de todo: setenta porciento de agua y un montón de otros materiales que nos componen. Y nosotros creamos esa abstracción de unidad, el hombre como medida de las cosas, y salimos por ahí atropellando todo, en un convencimiento generalizado hasta que todos acepten que existe una humanidad con la cual se identifican, actuando en el mundo a nuestra disposición, agarrando lo que queramos. Ese contacto con otra posibilidad implica escuchar, sentir, oler, inspirar, expirar aquellas capas de lo que quedó fuera de nosotros como "naturaleza", pero que, por alguna razón, todavía se confunde con ella. Hay algo de esas capas que es casi-humano: una capa identificada por nosotros que está desapareciendo, que está siendo exterminada de la interfaz de humanos muy-humanos. Los casi-humanos son millones de personas que insisten en quedar afuera de esa danza civilizada, de la técnica, del control del planeta. Y por danzar una coreografía extraña son sacados de escena, por medio de epidemias, de la pobreza, del hambre, de la violencia dirigida.

Ya que aquí se pretende ver el Antropoceno como el evento que puso en contacto mundos capturados por ese núcleo preexistente de civilizados —en el ciclo de las navegaciones, cuando se dieron las salidas de aquí hacia África, Asia y América— es importante recordar que gran parte de aquellos mundos desapareció sin que fuera pensada una acción para eliminar a aquellos pueblos. El simple contagio del encuentro entre humanos de aquí y de allá hizo que esa parte de la población desapareciera por un fenómeno que luego se llamó epidemia, una mortandad de millones y millones de seres. Un sujeto que salía de Europa y descendía en una playa tropical dejaba un rastro de muerte por donde pasaba. El individuo no sabía que era una peste ambulante, una guerra bacteriológica en movimiento, un fin del mundo; tampoco lo sabían las víctimas que eran contaminadas. Para los pueblos que recibieron aquella visita y murieron, el fin del mundo fue en el siglo XVI. No estoy eximiendo la responsabilidad y la gravedad de toda la maquinaria que movió las conquistas coloniales, estoy advirtiendo sobre el hecho de que muchos eventos que sucedieron fueron el desastre de aquel tiempo. Así como hoy estamos viviendo el desastre de nuestro tiempo, al cual algunas selectas personas llaman Antropoceno. La enorme mayoría lo llama caos social, desgobierno general, pérdida de calidad en lo cotidiano, en las relaciones, y estamos todos arrojados a ese abismo.

***

DEL TIEMPO[9]

Buen día, es un obsequio maravilloso estar aquí esta mañana con gente tan querida constituyendo una temporaria comunidad de propósitos tan bienvenidos. Llegué ayer a San Pablo para este encuentro. Me siento muy privilegiado con esta condición medio nómade que me brinda mi trayectoria personal, que es la de ser invitado a salir de donde vivo con mi familia para hablar con personas en lugares como este. Este privilegio me distingue de la situación general de las personas que para vivir sus rutinas no experimentan una realidad tan extravagante como ir al aeropuerto, tomar un avión, desembarcar en lugares extraños y encontrar plataformas organizadas para escuchar a un sujeto disertar sobre algún asunto.

Piensen bien sobre lo que este tiempo que estamos viviendo nos brinda. Vean qué tipo de experiencia extravagante. ¿En qué época de la historia de nuestros pueblos las personas pudieron experimentar esto? Es una facilidad casi mágica, casi virtual. En un mundo duro donde las personas luchan con dificultad para desplazarse del lugar donde descansan y el lugar donde venden su fuerza de trabajo, algunos sujetos desembarcan y descienden en lugares impensados para encuentros afectivos, celebraciones. Esto también puede ser un alerta para nosotros que somos

---

9   Este texto no forma parte de la edición original en portugés de *Ideas para postergar el mundo*. "Do tempo" fue publicado originalmente por n-1 edições: https://n-1edicoes.org/038 en marzo de 2020.

conscientes del tiempo que vivimos, de la inconsistencia de este tipo de realidad que estamos experimentando y que estamos aceptando pacíficamente que esto es real, que esto es la realidad.

Mi sentido de gratitud viene acompañado también de un sentido crítico. ¿Hasta cuándo voy a ser capaz de soportar esta tortura? Porque nosotros, todo el tiempo, estamos excluyendo a billones de personas de las mínimas condiciones de la verdadera experiencia de estar vivo y de experimentar el sentido de la libertad. Estamos viviendo en un mundo asolado por la carencia. Esto me genera una cierta rabia con relación a esta civilización tan hija de puta en la que nos constituimos que logra vivir con la injusticia y la muerte de tanta gente a nuestro alrededor y nosotros seguimos con la cabeza erguida.

Aquí, en la Avenida Paulista, hay muchas oficinas que están patrocinando la invasión de la selva amazónica para arrancar minerales y proporcionar esa falsa riqueza que occidente tanto celebra. Nos tapamos los ojos y los oídos para no ver la brutal realidad que nos atraviesa y producimos confortables ambientes como este para que podamos sentirnos, al menos temporalmente, civilizados. Porque, a fin de cuentas, al sumarnos a ese proyecto de mundo, incluso involuntariamente, sea como trabajador, sea como aprendiz, sea en cualquiera de estos gestos, estamos sumándonos a un procedimiento y a un proceso que es este fenómeno que aprendimos a reconocer como globalización. Este fenómeno nos fue alertado a todos nosotros por gente como el profesor Milton Santos. Cuando él decía lo que sucedería —una grave perturbación planetaria del orden social, político, ecológico—, cuando él decía eso, las personas lo consideraban un excéntrico. Él mostraba que estábamos frente a un nuevo paradigma en el que no íbamos a elegir qué virus iba a comernos mañana.

Ahora veo a las personas con una telita blanca atada a la cara. En vez de ponerse la bandera de los zapatistas, se ponen una telita blanca; para demostrar que quieren vivir en paz con el virus. No vamos a combatir al virus con esa tirita de tela sujetada a la nariz. Vivimos ante un fenómeno que es la transnacionalización. Hasta el siglo XX, se creyó que esta podía ser administrada, pero escapó al control. Se constituyó en la globalización, que es un evento ecológico, político, económico de enorme relevancia. No podemos seguir esquivando el asunto como si fuera una cosa que vamos a asimilar e integrar como una experiencia más de una sociedad contemporánea, moderna, equipada para esto, en verdad, no estamos equipados para nada, si lo estuviéramos, un virus no dejaría al mundo en pánico, llevando la bolsa de valores al piso y las personas aprovechando para robarse unas a otras mientras haya tiempo.

No tengo mucha relación con el mercado de producción cultural, no siento ese lugar como mercado. Veo ese espacio como un lugar que es desafiante para aquellas personas que, en diferentes lugares de la cultura, de la identidad y de las luchas por la vida aquí en la tierra, necesitan estar despiertas y ser capaces de afectarse unos a otros en el sentido de protegernos de la vida, dentro de esta cápsula de vida. No como un lugar para consumir, sino como una posibilidad de que creemos mundos, inventemos mundos para existir.

La idea de la globalización es una idea terrible, porque si bien promete expansión, también, promueve una autoconcentración de todo. La globalización no expande, la globalización atomiza, concentra todo de un modo aterrador. El hecho en que se denuncia esto es un virus que, aparentemente, tuvo origen en un lugar del mundo llamado China y que causa un terremoto aquí en América del Sur.

Si estamos viviendo este tiempo de total imprecisión, hasta en el sentido de la experiencia de vivir, el arte se constituye en el lugar más potente y más probable de constituir nuevas respuestas y nuevas preguntas para el mundo que vamos a tener que asumir de aquí en adelante.

En las décadas del ochenta y del noventa, algunas personas interesantes como Boaventura de Sousa Santos, Gorbachov y otras crearon aquellos enormes encuentros que se llamaban foros sociales globales, foros globales sociales, foro mundial global social, foro social global mundial, esa locura de reunir la mayor cantidad de gente posible en algún lugar del mundo para discutir el eclipse que estaba por venir. Esa ansiedad que nos juntaba, en el final del siglo XX, para pensar qué mundo era ese que estaba viniendo.

Lo interesante es que esos formatos de los foros que convocaban y abrían algunas ventanas hacia algún tipo de horizonte, prontamente, se agotaron. El Profesor Boaventura dijo que ellos sintieron, al final de la década del noventa, que el formato de esos increíbles encuentros con miles de personas llegó al punto cero. Hacerlo o no hacerlo daba lo mismo. Llegó un momento en que aquellos grandes foros que traían a personas increíbles parecían más un show de rock que un foro para debatir cuestiones candentes y graves que las sociedades estaban enfrentando. Hasta que la derecha empezó a avasallar los foros, y a decir que eso era una fiesta de hippies y un encuentro de marihuaneros.

La derecha siempre está lista para escupir algún veneno encima de cualquier intento decente y legitimo de la humanidad de erguirse de la cloaca en que vivimos. Ella no hace otra cosa a no ser arrojar veneno allí donde las personas están luchando por oxígeno para vivir. Hacen lo que hacen con los ríos, arrojan veneno en los ríos, y después se quedan hipócritamente diciendo que somos una región del mundo subdesarrollada que todavía no aprendió a cepillarse los dientes.

Es una hipocresía terrible cómo estas personas logran explotar y subestimar la pobreza. Es una canallada. Manipulan la opinión pública, crean falsas narrativas sobre la realidad y se vuelven dominantes.

¿De dónde las voces ocultas y los pueblos invisibles van a poder rebelarse contra un orden tan bien constituido y tan mentiroso que logra plasmar todo con esa idea de orden, progreso y desarrollo, y con la constitución de narrativas que logran, por ejemplo, inventar el mito del desarrollo sustentable?

En el librito *Ideas para postergar el fin del mundo*, lancé una provocación diciendo que la sustentabilidad es un mito. Y como una cosa siempre implica otro compromiso, tuve que pensar más, además de afirmar eso. Pensar sobre esas prácticas que obtienen el sello sustentable y ver qué es lo sustentable atrás de ese sello. Hasta que se me ocurrió ese haiku que dice, "la sustentabilidad es una vanidad personal".

Casi me matan porque las personas decían: ¿Ahora Ailton va a inventar frases retorcidas solo para atemorizar a los gerentes de medioambiente de esas geniales corporaciones? Ahora, si existe un empleo formidable hoy en día es ser gerente corporativo de sustentabilidad de cualquiera de esas instituciones increíbles. Todas necesitan uno.

Entonces si usted es gerente de una corporación de esas, llega a la mañana temprano y alguien le dice que la sustentabilidad es una vanidad personal, el tipo dice: "caramba, perdí mi empleo". Un montón de gerentes se me quejaron. Yo estoy pensando en despedirlos a todos ellos. Ahora, si usted construyó su carrera sobre una mentira, lo máximo que puede pasar es que un día se venga a pique de allá arriba y caiga aquí abajo donde estamos todos.

Vivimos precariamente una relación de consumir lo que la madre naturaleza nos proporciona. Y siempre hicimos uso de lo que nuestra madre nos brinda del modo más cómodo posible. Hasta que un día nos constituimos en una constelación tan inmensa de gente que consume todo, que nuestra madre naturaleza dijo: "paren ahí, ¿ustedes están a punto de acabar con todo lo que puede existir aquí como equilibrio y como posibilidad de eso que es el flujo de la vida? ¿Van a escudriñar la producción de la vida y a decidir cuántos pedazos de vida puede obtener cada uno? ¿Y en esa desigualdad escandalosa, van a salir por ahí administrando el agua, el oxígeno, la comida, el suelo?". Y, entonces, empezó a poner límites a nuestra ambición.

El modo que los humanos encontraron para administrar esto fue creando esos métodos, la idea, por ejemplo, de que existe un medioambiente y que ese universo es una cosa que uno puede gerenciar. Y dentro de ese medioambiente algunos flujos vitales pueden ser medidos, evaluados y habilitados, algunos de ellos, inclusive, con sellos de sustentabilidad.

Si usted saca agua del acuífero Guaraní, por ejemplo, un agua de muy buena calidad y si directamente la embotella, usted es una empresa sustentable. ¿Pero quién dijo que sacar agua del acuífero Guaraní es sustentable? Usted practica una violencia en el orígen y recibe un sello sustentable en el camino. Y así con la madera. Eso es una canallada, no existe ese cuento del agua sustentable y no existe ese cuento de madera sustentable. Somos una civilización insustentable, somos insustentables. ¿Cómo vamos a producir algo en equilibrio?

No es rezando que uno inventa a Dios. Hay gente que cree que si reza mucho, va rezando, va rezando, ahí decanta, va subiendo... Entonces, cada civilización tiene el dios que se merece. Y nosotros estamos frente al dilema de tener que producir un dios que sea global, pluricultural, multiétnico, pluriverso, diverso, que sirva para todo el mundo, una divinidad abarcativa. Estamos fritos.

Estos encuentros nuestros no deberían ser lugares para flagelarnos unos a otros, para ofendernos unos a otros, porque ya tenemos demasiada ofensa y flagelo en el mercado. Necesitamos crear oportunidades de disfrute. Este momento que nos junta aquí, me pareció tan buena esa promesa de que esta conversación no se termina ahora, que va a proseguir el año que viene la posibilidad de seguir compartiendo visiones. El propio enunciado de alguna cosa que vendrá después es una esperanza, anima nuestro sentido de vivir. Es la idea de postergar el fin del mundo. Nosotros postergamos el fin de cada mundo, cada día, exactamente creando un deseo verdadero de encontrarnos mañana, al final del día, el año que viene. Esos mundos encapsulados unos en los otros que nos desafían a pensar un posible encuentro de nuestras existencias, es un desafío maravilloso.

Una amiga que se llama Nurit Bensusan, ella es bióloga, trabajó con esos procesos que antecedieron la convención de la biodiversidad, escribió el librito *Do que é feito o encontro?* (¿De qué está hecho el encuentro?). Ese libro me conmovió mucho porque toca un punto que siempre me movilizó, que es la pregunta de si nosotros realmente logramos encontrarnos, si realmente logramos realizar la experiencia del encuentro. No estamos hablando solo del encuentro interpersonal, solo entre personas, sino entre pueblos y culturas, entre distintas tradiciones. En mi pensamiento esto es provocado por afectar una idea de sujeto que quiere vivir la experiencia de un sujeto colectivo. Yo no me veo andando solo por el mundo. Siempre convoco a alguna humanidad para andar junto conmigo.

La primera vez que me referí a esta idea del encuentro, y que obtuvo el título de un artículo —"O eterno retorno do encontro", que fue publicado en aquella colección de textos hecha por Adauto Novaes—, en esa oportunidad, el tema de la colección abordaba los quinientos años de las navegaciones y Adauto me invitó para hablar de ese encuentro que se dio con las llegadas de las carabelas. ¿Encuentro?

El eterno retorno del encuentro como una promesa, una expectativa, pero no como algo que ya sucedió ni como una garantía de que la cosa va a suceder. Es un arco tenso en la esperanza de que algo suceda. No es una garantía, ni es un sello de sustentabilidad.

El repetido desastre de esos intentos de encuentro está esparcido por nuestras playas. Este se configuro en un genocidio, una dominación y una colonización que parece no tener fin.

Solemos debatir la colonización desde una perspectiva poscolonial. Eso es una ilusión. La colonización es aquí y ahora. Pensar que estamos discutiendo las prácticas coloniales como algo pretérito, que ya fue y que ahora solo estamos limpiando los restos, es un chiste.

Así como decía nuestro querido maestro, el profesor Kabenguele Munanga, que el racismo se oculta en la epidermis, es decir, debajo de la aparente piel, la colonialidad se esconde de una manera tan increíble que parece que ya fue. Así como el racismo, la reproducción de la práctica colonial del virus colonialista es resistente y está presente en todo, en nuestra cotidianeidad, en el aula, en cualquier relación.

Entonces, cuando tenemos la ilusión de que vamos a abrir un foro para debatir la descolonización o decolonización o el anticolonialismo o cualquier otro lindo nombre para esto, inmediatamente estamos metiéndonos en una especie de laberinto conceptual. No estamos logrando ni siquiera abrir la puerta del cementerio, mucho menos, enfrentar los fantasmas.

La colonialidad está tan impregnada en nosotros como la polución del aire; está impregnada en nosotros desde la mirada domesticada que tenemos sobre el mundo, sobre el paisaje y la vida. La arquitectura de nuestras ciudades, la estética del mundo que nosotros compartimos es colonial y colonialista y se reproduce, hace metástasis. Es una ingenuidad creer que vamos a abrir un foro para discutir la descolonización, nosotros vamos a estar inmersos en una práctica colonial.

No es solo un deseo de cuestionar el tema de la sustentabilidad o del racismo o del género o cualquier otra cuestión lo que hoy fractura nuestras relaciones; es estar todo el tiempo posicionándose en relación con algo lo que, en cierto modo, agrega otra dificultad para la idea de un encuentro.

Si la idea del encuentro es pacificadora, alentadora y es una promesa, lo cotidiano es una constante negación del encuentro. Lo cotidiano es la prueba del nueve. Si al terminar el día usted dice: "hoy fue un buen día, tuve un buen encuentro", si eso fue verdad, felicitaciones, valió el día.

*

REFERENCIAS

Libros, artículo y entrevista

BAHIANA, Ana Maria. "Transformamos os pobres em consumidores e não em cidadãos, diz Mujica". BBC News Brasil, 21 dic. 2018. Disponible en: <https://www.bbc.com/portuguese/brasil-46624102>. Consultado el 10 de mayo de 2019.

CASTRO, Eduardo Viveiros de. *A inconstância da alma selvagem*. San Pablo: Ubu, 2017.

GALEANO, Eduardo. *As veias abertas da América Latina*. Trad. de Sergio Faraco. San Pablo: L&PM, 2010.

_____. *Memória do fogo*. Trad. de Eric Nepomuceno. San Pablo: L&PM, 2013.

KOPENAWA, Davi y ALBERT, Bruce. *A queda do céu: Palavras de um xamã yanomami*. Trad. de Beatriz Perrone-Moisés. San Pablo: Companhia das Letras, 2015.

SANTOS, Boaventura de Sousa. "Para além do pensamento abissal: das linhas globais a uma ecologia de saberes". *Novos Estudos Cebrap*, San Pablo, n. 79, nov. 2007. Disponible en: <http://www.scielo.br/scielo.php?script=sci_arttext&pid=S0101-33002007000300004>. Consultado el 10 de mayo de 2019.

Videos

CASTRO, Eduardo Viveiros de. *Os involuntários da pátria*. Conferencia de apertura del ciclo Questões *indígenas* en el Teatro Maria Matos, Lisboa. Disponible en: <https://www.arquivoteatromariamatos.pt/explorar/conferencia-de-eduardo-viveiros-decastro/>. Consultado el 10 de mayo de 2019.

Ailton Krenak e o sonho da pedra. Dirección y guión: Marco Altberg. Producción: Bárbara Gual e Marcelo Goulart. Río de Janeiro, 2017. 52 min. Documental.

SOBRE EL AUTOR

Ailton Krenak nació en 1953, en la región del valle del río Doce, territorio del pueblo Krenak, un lugar cuya ecología se encuentra profundamente afectada por la actividad de extracción de minerales. Activista del movimiento socioambiental y de defensa de los derechos indígenas, organizó la *Aliança dos Povos da Floresta* (Alianza de los Pueblos de la Selva), que reúne comunidades ribereñas e indígenas en la Amazonia. Es uno de los líderes más destacados del movimiento que surgió durante el gran despertar de los pueblos indígenas en Brasil, ocurrido a partir de la década de 1970. Contribuyó también a la creación de la Unión de las Naciones Indígenas (UNI). Ailton ha llevado a cabo un vasto trabajo educativo y ambientalista, como periodista, y a través de programas de video y televisivos. Su lucha en las décadas de 1970 y 1980 fue determinante para la conquista del "Capítulo de los Indios" en la Constitución de 1988, que pasó a garantizar, al menos en los papeles, los derechos indígenas a la cultura autóctona y a la tierra. Es coautor de la propuesta de la Unesco que creó la Reserva de la Biósfera de la *Serra do Espinhaço* (Sierra del Espinazo) en 2005 y es miembro de su comité gestor. Es comendador de la Orden del Mérito Cultural de la Presidencia de la República y, en 2016, le fue atribuido el título de Doctor Honoris Causa por la Universidad Federal de Juiz de Fora, en Minas Gerais.

SOBRE ESTE LIBRO

Ideas para postergar el fin del mundo: Conferencia dictada en el Instituto de Ciencias Sociales de la Universidad de Lisboa, en el ciclo de seminarios organizado por Susana de Matos Viegas, el 12 de marzo de 2019, como actividad preparatoria para la "Mostra Amerindia: Percursos do cinema indígena no Brasil".

Del sueño y de la tierra: Conferencia dictada en Lisboa, en el Teatro Maria Matos, el 6 de mayo de 2017, con transcripción de Joëlle Ghazarian.

La humanidad que pensamos ser: Texto elaborado a partir de la entrevista con Ailton Krenak realizada por Rita Natálio y Pedro Neves Marques, en Lisboa, en mayo de 2017, con transcripción y edición de Marta Lança.

Del tiempo: Participación de Ailton Krenak en el Seminario Perspectivas anticoloniales, en la apertura de la 7ª Edición de la MITsp–Muestra Internacional de Teatro de San Pablo el 6/3/2020. Curaduría: Christine Greiner, Andreia Duarte y José Fernando Azevedo. Mesa 1: "Do tempo", con Ailton Krenak y Paulo Arantes. Transcripción y edición: Sonia Sobral.

Impreso por TREINTADIEZ S.A. en 2021
Pringles 521 (C1183 AEI)
Ciudad Autónoma de Buenos Aires
Teléfonos: 4864-3297 / 4862-6794
editorial@treintadiez.com